TOM MONOPOLY

Comment j'ai pu devenir

RENTIER EN 12 MOIS

grâce à la **LOCATION MEUBLEE**

TOM MONOPOLY

Comment j'ai pu devenir

RENTIER EN 12 MOIS

*grâce à la **LOCATION MEUBLEE***

Comment faire travailler l'argent pour soi,

plutôt que d'aller travailler pour l'argent.

Edition/Rédaction/graphisme/photographie :

SASU GOUDEY FORMATION

AU CAPITAL DE 5.000 €

78, Avenue des Champs Elysées

Bureau 562

75 008 PARIS

DEDICACES

Je dédie ce livre à toutes les personnes qui m'inspirent au quotidien et me permettent de donner vie à des projets passionnants.

J'adresse un merci tout particulier à ma femme et mes 3 enfants pour la force et la motivation qu'ils me donnent chaque jour mais également à Alain, mon oncle, qui a corrigé mon orthographe et grammaire pour ce livre.

Merci également à toi pour avoir acheté ce livre, en espérant qu'il t'inspire et qu'il te permette de croire en tes rêves. Tu es la seule personne qui puisse faire la vie que tu désires, alors ne la gâche pas.

Tom

Pourquoi TOM MONOPOLY…

Quand j'étais petit, mon jeu de société préféré était le Monopoly. J'adorais cette idée d'acheter des propriétés et de facturer des loyers chaque fois que quelqu'un tombait chez moi.

Je m'étais alors dit : « Ce serait super de jouer à ce jeu-là dans la vie plus tard et pour de vrai cette fois ! »

Indirectement je me suis permis de réaliser ce rêve. Voilà pourquoi je recommande à tous de faire le travail de vos rêves et vous n'aurez plus à travailler un jour de votre vie…

Tom

DANS CE LIVRE

AVANT PROPOS

J'ai écrit ce livre parce que je veux que vous sachiez que tout est possible dans la vie. Je veux que vous sachiez que, même si vos propres difficultés vous paraissent insurmontables, vous pouvez réellement changer le cours de votre vie. Vous pouvez réaliser vos rêves. Comment ? En apprenant à exploiter votre potentiel. Et cela en combien de temps ? En un claquement de doigt ! Difficile à croire. Moi-même, si je me racontais l'histoire de ma vie, je n'y croirais pas… et pourtant en lisant ce livre vous verrez que chacun à la possibilité de faire de même et de vivre ses rêves au lieu de rêver sa vie.

Laissez-moi vous raconter ma vie. Je suis issu d'une famille très pauvre, mère au RSA qui était absente durant la moitié de mon enfance, père qui est parti quand j'avais 1 an, donc élevé en grande partie par mon grand-père de 70 ans. Ma grande chance est qu'il m'a appris la valeur de l'argent et à toujours vivre en dessous de ses moyens.

A l'école j'étais un élève moyen qui a obtenu un simple BAC Comptabilité, j'ai ensuite travaillé 10 ans dans la vente en magasin de bricolage (payé au SMIC) et comme commercial chez un grand constructeur de maison. Quand j'étais petit tout le monde disait que j'étais fainéant et que je n'arriverais à rien dans la vie. Voilà pourquoi je me suis fixé de grands objectifs. Et comme je le dis souvent « dire, ça fait rire, faire, ça fait taire… »

« *Si je veux avoir plus de la vie, je dois devenir plus ! »*

L'auteur

Mon premier objectif à 19 ans : construire ma propre maison de A à Z !

Je me suis donc formé avec des livres et fiches gratuites situés à l'entrée des magasins de bricolage sur la maçonnerie, charpente, placo, électricité, plomberie, chauffage, carrelage et des livres sur l'urbanisme, plan de permis de construire, droit de construction… afin de maîtriser parfaitement le sujet. Ma chance, est qu'en partant de 0 je n'avais rien à perdre, voilà pourquoi beaucoup des gens qui réussissent partent de rien…

Au bout de 2 ans chez Bricomarché, j'ai pu emprunter la somme de 60.000€ pour acheter mon terrain non viabilisé (27.500€), le Notaire (2.500€) et le reste pour la viabilisation et pour acheter les matériaux (quand on fait soi-même ça ne coute pas grand-chose). En parallèle de mon emploi de vendeur, j'ai pu bâtir ma maison, seul, en 1 an ½. Ma chance est d'avoir eu un voisin qui avait auto construit comme moi, 7 maisons pour lui et ses enfants. J'ai donc pu bénéficier de ses conseils et astuces, prêt d'échafaudage, prêt de pelleteuse… le tout gratuitement ! Quelle chance !

A ce sujet j'ai une anecdote. Mon patron à Bricomarché me voyait toujours avec 2 livres, 1 livre sur la construction de maison individuelle et le magazine « l'Entrepreneur » quand j'étais en pause, il me disait « pourquoi tu lis ça ? » Je lui ai répondu que : « j'étais en train de chercher quel type de maison j'allais réaliser ». Il rigola et me dit « Tu as tort de t'infliger ça, car il est très probable que tu prennes tes rêves pour une réalité ! » Je répondis : « Non, non, vous ne comprenez pas ! Un jour je bâtirai ma maison et je viendrai chercher mon matériel dans votre magasin, c'est inéluctable ». C'était l'idée reçue qu'il voulait m'inculquer. Le jour où je suis venu acheter mes palettes d'agglo, mes collègues me disaient « C'est génial de bâtir à 21 ans, tu as gagné au loto ? » j'ai rigolé et je suis parti.

L'impact du mental sur la performance est très important. Je savais que j'allais réussir car je m'étais conditionné.

« Plus on se prépare, plus on semble avoir de chance ! »

L'auteur

Dans ma vie j'ai toujours eu de la chance et de l'aide (involontaire, car je ne demandais rien initialement) qui sont toujours venues à point mais je n'ai jamais eu les moyens auparavant de récompenser ces personnes pour leur soutien. Désormais, j'estime que c'est à mon tour de donner (sans rien demander en retour) afin de rendre ce que l'on m'a donné aux gens qui en ont besoin et qui en valent la peine.

A 35 ans je suis aujourd'hui rentier et je ne travaille que par plaisir, car le travail c'est la santé. Quand les gens ont besoin, je n'hésite donc pas à rendre service sans rien en retour car l'argent n'est plus ce qui me motive.

Depuis 1 an je cherche à prendre soin de moi et de vivre les rêves que j'avais quand j'étais jeune. En effet, quand j'avais 12 ans j'ai joué au tennis 3 ans et je n'ai jamais pu faire mieux que NC, soit le plus bas niveau. Tout le monde disait que j'étais nul et ils avaient raison. Je viens de reprendre le tennis 20 ans après, et je suis monté 30/1 (soit 5 niveaux au-dessus) au bout de 9 mois de pratique. Il y a 1 an je pesais

99 kg pour 1,85m et aujourd'hui je pèse 78 kg avec un ventre plat et des abdos visibles (c'était mon rêve). Mon dernier rêve était d'être à la retraite à 35 ans et grâce à mes investissements immobiliers de ces 3 dernières années (44 appartements achetés) j'ai multiplié mes revenus par 10 par rapport à mon salaire initial de salarié.

Encore une fois j'ai eu de la chance (on dit que la chance, ça se provoque) car je n'avais pas plus de 5.000€ sur mon compte et aucune fiche de paie car en profession libérale depuis 1 an (Maître d'œuvre) et en travaillant pour moi (dans l'auto construction et dans la rénovation de mes appartements) je ne pouvais justifier d'aucun revenu. Malgré cela, ma banque, me finançait toujours à 110% (achat, travaux, notaire) ce qui fait que je travaillais et utilisais l'argent des autres (pas trop de choix dans mon cas) c'est donc à la portée de tout le monde ; il suffit juste d'obtenir la confiance de sa banque.

Je me suis donc enrichi grâce à mon potentiel, ma persévérance et ma banque qui me suit dans tous mes projets ! Dernièrement elle m'a octroyé un prêt de 477.000€ qui finance l'achat d'un immeuble de 15 apparts tous loués dont les loyers remboursent 2 fois mon prêt qui court sur 15 ans. Prêt qui finance l'achat du bien, les travaux de rénovation, les frais de notaire, les frais de garantie hypothèque et PPD. Vous l'aurez compris, sans mettre 1 centime de ma poche.

Ayant récupérer les cautions des locataires de la part du vendeur, j'ai même gagné 6.000€. Sur ce coup-là, j'ai fait appel à mon intelligence financière car comme dans tout le reste, il a fallu que je me forme des années à ce sujet. Pour moi l'intelligence financière devrait être la matière numéro 1 à apprendre à l'école et pourtant elle n'est même pas au programme scolaire !

On vous apprend 50% de choses qui vous n'apporteront rien dans votre vie (calcul de tangente, cosinus, théorème de Pythagore, à jouer de la flute en cours de musique...) mais on ne vous apprend pas à utiliser l'argent. L'intelligence financière permet à des gens qui vivent avec 1.000€ de s'en sortir mieux que des gens qui touchent 3.000€.

Le développement personnel est également très important (je développe cela de façon approfondie depuis 1 an) et comme l'argent, ce n'est pas au programme scolaire …inadmissible !   Quoi de plus important que de se développer personnellement, prendre soin de sa santé et utiliser l'argent ? je cherche encore…

Je ne suis pas en train de vous raconter tout cela pour vous impressionner et vous convaincre qu'il est possible de changer très rapidement. Je parle d'ailleurs peu de cela aux gens car déjà, ça ne m'apporte rien, je n'aime pas dévoiler ma vie et bien souvent on ne me croit pas.

Il faut savoir qu'une fois que nous comprenons ce qui façonne nos pensées, nos sentiments et notre comportement, tout ce qui nous reste à faire, c'est d'agir concrètement sur tous les plans, de façon logique, intelligente et en faisant preuve de détermination. A l'aide de ce livre, je me propose de vous guider pour vous permettre d'apporter tous les changements que vous souhaitez à votre vie et ainsi ouvrir votre cadeau.

« Ce ne sont pas vos aptitudes, mais votre attitude qui détermine votre altitude. »

Zig Ziglar

INTRODUCTION

Nous souhaitons tous améliorer notre vie mais peu de gens sont prêts à faire les efforts nécessaires car pour cela il faut sortir de sa zone de confort, et l'humain adore le confort et n'aime pas se « faire mal ». Presque tous les changements que nous souhaitons effectuer se répartissent en 2 catégories :

- Nous souhaitons soit changer notre façon de réagir à ce qui nous touche (avoir confiance en soi, dominer nos peurs, nous sentir plus heureux…)
- Soit modifier notre manière d'agir (changer des habitudes, cesser de fumer, de boire, ou de remettre les choses au lendemain…)

Mon but est que cet ouvrage vous aide à amorcer des changements positifs. Ce livre vous donnera les clés pour vous mener à votre vie rêvée, grâce à quelques techniques simples à mettre en œuvre.

J'ai décidé de décomposer ce livre en 2 parties. La 1ere partie vous parlera des bases du développement personnel, de l'utilisation de l'argent et le bien-être. La 2ᵉ partie est tout simplement ma biographie. Pourquoi ai-je fait cela ? Par ma biographie qui résume mon parcours j'espère vous inspirer mais pour que vous compreniez bien comment j'ai pu obtenir ces résultats dans ma vie vous devez comprendre ces 3 domaines essentiels de la première partie. J'ai voulu ce livre le plus complet possible afin que vous en tiriez des bénéfices, voilà donc pourquoi cette structure.

Avant toute chose, je vais vous développer 3 principes essentiels avant de vous parler plus en détail de mon parcours.

« La plus grande aventure que vous puissiez vivre, c'est de réaliser la vie de vos rêves »

Oprah

« Ne jamais se décourager, car tout nouvel échec constitue un pas de plus vers la victoire »

Thomas Edison

DEVELOPPEMENT PERSONNEL

TOUT EST POSSIBLE

Quand on ne vit pas ce que l'on veut vivre, on est mal. C'est pour cela que 90% des personnes qui se retrouvent à la fin de leur vie sur leur lit de mort, ont des regrets...

Il faut d'abord vous débarrasser de l'idée négative qu'il est inutile d'agir ou que vous en êtes incapable. C'est ce que vous faites à l'heure actuelle qui compte et non pas ce que vous avez fait hier. Si vous regardez constamment dans le rétroviseur vous courez à la catastrophe. Il faut regarder devant soi. Nombreux sont ceux qui disent avoir essayé de réussir de millions de façons différentes et qu'aucune n'a fonctionné. Ces personnes n'ont en réalité pas essayé plus de 3 ou 4 façons de faire... Quand ça ne marche pas ils baissent rapidement les bras. La clé du succès est de savoir exactement ce qui compte le plus à vos yeux, puis de faire le maximum tous les jours, pour améliorer les choses, même lorsque vos efforts ne semblent mener à rien.

« Le bonheur est derrière la peur »

Max Piccinini

Connaissez-vous l'histoire de KFC ? Comment le Colonel Sanders est parvenu à une telle réussite ? Est-il né avec une cuillère en or dans la bouche ? A-t- il étudié à Harvard ? Non… Le colonel Sanders a réalisé son rêve à 65 ans. Il s'est dit : je connais une recette de poulet qui semble plaire aux gens, et si je la vendais au restaurant ? Je pourrais gagner de l'argent ? Ou pourrais-je simplement leur apprendre à cuire le poulet à la perfection ? Il allait donc faire du porte à porte dans les restaurants afin de vendre son idée. Combien a-t- il essuyé de refus avant d'entendre un restaurateur lui dire oui ? 1009 fois ! Il passa 2 ans à parcourir les Etats-Unis dans sa vieille auto dans son costume blanc. Combien de personnes auraient abandonné avant d'obtenir un oui au bout du 1010ᵉ porte à porte ? Très peu de personnes, pour ne pas dire personne. Beaucoup de personnes auraient déjà abandonné au bout de 10 refus. Comme je dis souvent : qui cherche, trouve.

« Un homme sans objectif est comme un navire sans gouvernail... »

Thomas Carlyle

APPRENDRE A DECIDER

Le message que je voudrais vous transmettre est simple : Un plan d'action efficace, une persévérance inébranlable et un maximum d'efforts vous permettront d'obtenir ce que vous désirez mais vous devez cesser de croire qu'il n'existe aucune solution à vos problèmes.

Vous me direz c'est logique ? Alors pourquoi peu de personnes sont prêtes à adopter le slogan de Nike : « Il suffit d'agir » ? Ou du PSG : « Rêvons plus grand » ?

C'est la peur d'agir qui paralyse les gens !

« C'est en décidant que nous forgeons notre destin »

Anthony Robbins

Beaucoup de personnes pensent que ceux qui réussissent ont de la chance. Vraiment ? Si « chance » signifie travailler en sachant ce que l'on fait, alors oui, il se peut que le Colonel Sanders ait eu de la chance. Si cela est si facile, pourquoi personne ne le fait ?

Ceux qui triomphent dans la vie prennent tous les jours trois décisions capitales. Ils décident :

- Sur quoi concentrer leur attention
- Quelle est la signification réelle de chaque chose
- Quel plan d'action adopter.

CREER DE LA CERTITUDE

Pour réussir dans n'importe quel domaine il faut se créer un sentiment de certitude. Si tu n'y crois pas tu ne pourras pas y arriver (ton esprit, va alors te dire : tu vois que tu ne pouvais pas y arriver !). Il faut imaginer ce que l'on désire (rêver ce que l'on désire en quelque sorte) et être certain de l'avoir un jour. La réussite c'est 20% de mécanique et

80% de psychologie. Il faut toujours s'éloigner de la peur. Quand on a déjà réussi à un certain niveau on a peur de redescendre, donc on se laisse dominer par la peur et bien souvent on échoue.

Quand on croit en son potentiel, on va puiser dans son potentiel et on obtient de grands résultats. Il n'y a plus rien qui nous retient. Rien qu'en regardant l'attitude de quelqu'un, sa posture… on sait s'il va réussir ou pas. C'est nos croyances qui guident nos décisions, si on pense différemment aura-t-on d'autres résultats ? Oui.

<u>Voici quelques maximes que je garde toujours à l'esprit :</u>

« Dans la vie, il n'y a pas d'échec. Du moment que je tire une leçon d'une défaite, je considère que j'ai réussi ».

« Ce n'est pas parce que le destin nous refuse quelque chose à une période donnée qu'il faut considérer ce refus comme définitif ».

« Notre passé n'a rien à voir avec notre avenir ».

« Je peux à tout moment changer le cours de ma vie en prenant une nouvelle décision »

« Les choses sur lesquelles vous centrez toute votre attention finissent par se matérialiser »

« Quand quelqu'un est absolument certain, quand quelqu'un croit véritablement qu'en créant cela il va avoir tel résultat alors il va le faire ».

« Les seules limites que nous avons sont celles que nous nous fixons ».

Antoine de Saint-Exupéry

Tout le monde a du potentiel, quand les gens utilisent au maximum leur potentiel, ils peuvent faire de grandes choses, seulement peu de personnes puisent dans leur potentiel… ou mêmes certains pensent qu'ils n'ont aucun potentiel, ils sont donc certains de ne rien réussir et la prochaine fois ils en feront encore moins. C'est comme cela que les riches deviennent plus riches et les pauvres plus pauvres.

Pour renforcer sa certitude, il faut imaginer le résultat à l'avance, être certain de réussir ce que l'on va entreprendre, se concentrer sur ce que l'on fait de bien sans penser à ce que l'on fait moins bien.

Il faut toujours améliorer son degré de certitude et ne pas penser à la peur ce qui serait contreproductif.

ETABLIR UN PLAN D'ACTION

Ce que vous devez faire à présent, c'est de rêver ! Faites une liste de vos souhaits, écrivez-les et mettez une date limite pour chacun afin de matérialiser vos objectifs. De façon hebdomadaire suivez l'avancée de vos résultats afin d'atteindre vos rêves. Fixer les objectifs réalisables cette année et ceux des années suivantes. Ensuite demandez-vous qui devez-vous devenir pour atteindre vos objectifs. Avant qu'une chose ne se produise dans le monde, elle doit tout d'abord se produire dans votre esprit. Pas de limites !

N'oubliez pas que tout ce que vous désirez se trouve en dehors de votre zone de confort.

« Si vous pouvez le rêver, vous pouvez le réaliser. »

Walt Disney

EDUCATION FINANCIERE

Combien de personnes ont une réelle liberté financière une fois à la retraite ? Pas une sécurité financière, qui revient à épargner pendant cinquante ans, petit bout par petit bout et à investir dans des assurances vie ou des livrets épargnes rémunérés à 1% sans se demander « Est ce que je peux me le permettre ? »

L'inconscient collectif pense qu'il est important de faire de grandes études, trouver un emploi stable, travailler dur pendant cinquante ans avec ses 5 semaines de congés payés par an pour pouvoir profiter de la retraite à 62 ans. Où est l'intérêt ? Cela revient à dépenser le moins possible pour en profiter une fois vieux. Le but est d'accéder à cette richesse lorsque que l'on est encore jeune et en pleine possession de ses moyens. Néanmoins il faut savoir que l'argent n'achète pas le bonheur.

L'intelligence financière

Le savoir et l'intelligence financière, c'est là la vraie richesse. Aujourd'hui, nous sommes dans l'ère de l'information ; nous pouvons trouver n'importe quelle information. Mais sans éducation financière ce savoir ne vaut pas grand-chose. Pour mieux comprendre comment s'est créé l'écart entre les pauvres et les riches, il est intéressant de remonter dans le temps. À l'ère des chasseurs-cueilleurs, tout le monde était sur un pied d'égalité. À l'ère de l'agriculture, il y avait ceux qui possédaient les terres, les riches têtes couronnées, et les pauvres payaient des taxes pour travailler dur sur ces terres en échange de la protection de leur roi. À l'ère industrielle, la classe moyenne est apparue. Les riches propriétaires d'industries employaient la classe moyenne, les salariés. Certains riches de l'époque ont accumulé bien plus de richesse que les rois. Aujourd'hui nous sommes à l'ère de l'information. Il n'y a jamais eu autant de milliardaires et l'on peut tout aussi bien rencontrer des jeunes de 20 ans millionnaires que des personnes de 65 ans avec de bons diplômes incapables de trouver un emploi. Depuis que la monnaie existe, l'écart entre les pauvres et les riches augmente sans cesse.

Il existe deux types de personnes riches. Celles qui ont fait de longues études, avec un prêt étudiant, ont trouvé un travail salarié bien payé et ont acheté leur résidence principale à crédit. Ceux-là sont esclaves de leurs dettes et peuvent devenir pauvres du jour au lendemain si l'économie mondiale entre en dépression. Les seconds ne travaillent pas pour l'argent, ils accumulent des actifs et multiplient leurs sources de revenus. Ils s'endettent aussi, mais pour financer leurs actifs.

L'argent est-ce mal ?

Contrairement à une croyance trop répandue, les riches ne sont pas des voleurs et ce ne sont pas les riches qui volent l'argent des pauvres. Cette croyance est très présente dans la mentalité française : « L'argent c'est mal ! Donnez une valise remplie de billets à un pauvre et demandez-lui ensuite si c'est mal d'avoir de l'argent ? ». Les personnes les plus aisées que vous connaissez ne sont probablement pas de mauvaises personnes ; elles n'ont pas volé cet argent dans les poches des pauvres. Au contraire, elles ont apporté de la valeur au plus grand nombre. Si vous connaissez des riches avides qui sont de mauvaises personnes, alors ils étaient déjà mauvais avant d'avoir de l'argent. L'argent ne fait qu'amplifier la personnalité des gens.

<u>Trois chemins mènent à la richesse (enfin surtout deux) :</u>

La feuille de route du flâneur

Il vit au jour le jour sans rien planifier et se laisse porter par le hasard. Il joue à la loterie et croit au miracle. Dans cette voie vous finissez pauvre et êtes dans le rouge chaque fin de mois.

La feuille de route de la voie lente

Vous gérez un peu mieux vos finances, vous prenez plus vos responsabilités, vous avez un plan pour arriver à l'abondance, ce qui est bien, mais qui va prendre des décennies à se mettre en place. Vous attendez le week-end après 5 jours de travail laborieux. Vous échangez votre temps contre de l'argent, vos gains sont donc limités car on travaille généralement 35 à 40h/semaines.

La feuille de route de la voie rapide

La perception de l'argent est radicalement différente : tout est abondance, l'argent est partout, la richesse est omniprésente et elle reflète la plus-value que vous avez créée. Vous avez le contrôle de votre vie et de vos finances, vous gérez parfaitement votre business plan, vous êtes maître de votre destin. Trouvez votre modèle d'entreprise en vous basant sur vos compétences et sur votre savoir-faire. La plupart des gens consomment mais n'ont pas les fonds pour. Ils vivent au-dessus de leurs moyens. Il ne faut pas rentrez dans ce cercle infernal.

Vous devrez construire votre plan en vous inspirant de ces systèmes :

La location :

Il est le plus efficace, les revenus sont réguliers et générés par les loyers, abonnements, licences… et permettent de générer des revenus passifs. L'argent tombe tout seul. Si vous ne vous levez pas le matin, l'argent rentre quand même, même lorsque vous dormez ! Vous ne travaillez donc plus pour l'argent mais c'est l'argent qui travaille pour vous !

Une présence sur internet :

Créer un site web ou un blog et vendez vos produits, vous pouvez toucher des millions de personnes.

Création de contenus :

Vous pouvez créer un e-book (livre) que vous pourrez vendre sur votre blog qui apportera de la valeur ajoutée à votre audience afin de partager votre savoir, expérience… (Un peu comme ce livre).

<u>Les ressources humaines :</u>

Avoir des salariés permettant de développer un business. Ce système est difficile à mettre en place car il est cher et difficile à contrôler.

« *Devenez une personne de valeur, plutôt
qu'une personne de succès* »

L'auteur

Actuellement, la triste réalité est la sous-utilisation de la connaissance, elle est accessible à tout le monde : bibliothèque, internet, forums et la plupart des gens affirment qu'ils n'ont pas le temps ou pas les moyens, que c'est trop difficile. Ce sont des excuses pour dissimuler leur fainéantise et un manque de volonté car ils trouvent bien le temps de regarder la TV, jouer à la console…. Ces personnes rêvent d'une vie meilleure, d'un niveau de vie plus élevé mais ne se donnent pas les moyens d'y parvenir.

Votre temps est votre principale richesse

A Paris, une enseigne de fast-food propose des coupons d'une valeur de 5€ sur internet qui permettent d'obtenir des ailes de poulet gratuitement. Pour cela il suffit de venir dans le restaurant et de faire la queue. Une vingtaine de clients arrivent et sont prêts à attendre plusieurs heures pour obtenir ces ailes de poulet. Attendre plusieurs heures pour obtenir quelque chose de gratuit ? Quelle valeur ces personnes donnent elles à leur temps ? Aucune. Leur temps ne vaut rien. Certaines personnes sont également prêtes à faire des détours de 30 minutes pour ne pas payer les 2€50

de péage pour aller de Belfort à Mulhouse directement !
Quelle stupidité.

Votre vie est composée de deux types de temps. Votre
temps libre dédié aux loisirs et repos et votre temps engagé
dédié aux moments où vous prenez les transports, où vous
travaillez... tous ces moments perdus à gagner de l'argent.
Votre temps libre est ce que vous avez de plus précieux,
c'est votre liberté. Vous devez travailler à augmenter la part
de votre temps libre et diminuer la part de temps engagé.

Votre temps libre est précieux. La valeur que vous accordez
à votre temps libre détermine la valeur que vous donnez à
votre vie. Si vous vous demandez que faire de votre temps
libre ?   Eduquez-vous.

*« Investissez-en vous-même, c'est le meilleur
conseil que je puisse vous donner »*

Warren Buffet

Adopter un plan financier

Afin de capitaliser pour créer un business il est primordial d'avoir un plan financier à mettre en œuvre le plus tôt possible (moi je l'ai commencé à 12 ans en économisant mon argent de Noel et des anniversaires). Sur chaque euro que vous gagnez (ou que l'on vous donne) vous devez placer sur un compte d'épargne au moins 10% de celui-ci pour vous constituer un capital. Environ 5% seront destinés à votre éducation (sur ce que vous n'apprendrez jamais à l'école) comme le développement personnel, apprendre à utiliser l'argent, ou à développer une affaire sur internet… Vous devez placer ces 15% (minimum) dès que vous touchez de l'argent. N'attendez pas la fin du mois pour épargner l'argent qui vous reste sur le compte car dans la majorité des cas, vous aurez vidé votre compte avant la fin du mois. Il faut donc toujours se payer en 1er !

Il y a une croyance qu'il faut également s'enlever de la tête : que les riches sont des salauds. En effet, en France on n'aime pas les riches et ils sont beaucoup critiqués. Comment voulez-vous devenir riche avec de telle croyance ? Etant donné que vous ne voulez pas devenir un

salaud, votre conscience vous empêchera de devenir riche…
Venant d'un milieu très pauvre, je peux vous dire que si vous
êtes déjà sympa vous deviendrez une personne très sympa
en devenant riche et si vous étiez un con, vous deviendrez
un gros con si vous avez de l'argent. La richesse amplifiera
que ce que vous êtes déjà.

« La raison principale pour laquelle la plupart des gens n'obtiennent pas ce qu'ils veulent, c'est qu'ils ne savent pas ce qu'ils veulent ».

T. Harv Eker

En France, les gens souhaitent votre bonheur et votre réussite dans la limite de la leur, si vous dépassez celle-ci les gens se mettent à vous critiquer et vous jalouser. A Miami par exemple, si vous passez avec un BMW X6 dans la rue, les gens lèveront le pouce pour vous saluer, en France on n'hésitera pas à rayer votre auto sur un parking dès que vous aurez le dos tourné…

Voyons comment pensent les riches par rapport aux pauvres :

- Les riches croient « je créer ma vie », les pauvres croient « je subis ma vie »
- Les riches jouent au jeu de l'argent pour gagner, les pauvres pour ne pas perdre.
- Les riches se sont engagés à être riches, les pauvres veulent être riches.
- Les riches voient les choses en grand, les pauvres voient les choses en petit.
- Les riches se concentrent sur les occasions, les pauvres sur les obstacles.
- Les riches admirent les autres riches, les pauvres en veulent aux riches.

- Les riches s'associent aux gens positifs qui réussissent, les pauvres s'associent au gens négatifs.
- Les riches sont plus grands que leurs problèmes, les pauvres sont plus petits que leurs problèmes.
- Les riches savent très bien recevoir, les pauvres savent très mal recevoir.
- Les riches choisissent de se faire payer aux résultats, les pauvres en fonction de leur temps.
- Les riches se concentrent sur leur valeur nette, les pauvres sur leur revenu gagné.
- Les riches savent gérer leur argent, les pauvres gèrent très mal leur argent.
- Les riches font travailler l'argent pour eux, les pauvres travaillent pour l'argent.
- Les riches agissent en dépit de la peur, les pauvres laissent la peur les arrêter.
- Les riches apprennent et grandissent sans cesse, les pauvres croient déjà savoir.

« Si vous avez pour but d'être à l'aise financièrement, vous risquez de ne jamais devenir riche. Mais si vous avez pour but d'être riche, vous courez la chance de devenir drôlement à l'aise financièrement. »

T. Harv Eker

SANTE

Bientôt 1 français sur 2 sera en surpoids. Comment cela est devenu possible ? C'est simple ! Savez-vous qu'un enfant de 7 ans d'aujourd'hui a déjà mangé autant de sucre qu'un ancien de 77 ans ? Le sucre est très mauvais pour la santé, sans notre pancréas, il nous tuerait. Une étude laboratoire montre d'ailleurs que les rats sont plus accros au sucre qu'à la cocaïne. De plus, le sucre crée de l'acidité dans votre corps et vous augmentez considérablement votre risque d'avoir un cancer. Un verre de coca contient par exemple 7 sucres blancs ! Les glaces, les sodas, les bonbons… sont bourrés de sucre qui est pour moi tout aussi dangereux que de fumer.

Nous utilisons également notre corps différemment qu'autrefois, les gens préfèrent prendre l'ascenseur plutôt que l'escalier, nous prenons le bus ou notre auto plus que marcher ou utiliser notre vélo. Plus personne ne bouge, pas étonnant que certains se fassent mal au dos rien qu'en ramassant le crayon qu'ils ont fait tombé… pour la plupart des gens, faire du sport se limite à remplir la baignoire, retirer le bouchon et nager à contre-courant.

La bonne nouvelle est que vous pouvez changer vos habitudes en un claquement de doigt et si vous prenez de bonne habitude et changez vos rituels, votre vie changera !

Un milliardaire de 70 ans n'hésiterait pas à échanger sa vie avec toi si tu as 20 ans et que tu es pauvre, car il connait le principe d'enrichissement et il saura se refaire rapidement. A ce propos, si la richesse mondiale était repartie équitablement, elle reviendrait toujours entre les mêmes mains !

« Si tu n'as pas la santé, t'as beau être riche,
au final tu n'as rien ».

L'auteur

MON HISTOIRE

J'entre dans la vie active

Après ces 3 grands principes, je vais vous parler de moi, mon parcourt et comment en partant de rien, j'ai pu devenir libre financièrement à 35 ans.

Comme précisé dans l'introduction, je suis issu d'une famille très pauvre. J'ai été élevé en grande partie dans un quartier et il faut se l'avouer, cela n'aide pas à réussir dans la vie... il reste cependant des exceptions à cela et certains utilisent même cela comme une force, car ils ne souhaitent pas « cette » vie plus tard quand ils seront grands. Voilà peut-être pourquoi 80% des millionnaires n'ont pas de diplôme universitaire. A l'école j'étais un élève moyen, j'avais tout juste la moyenne avec quand même de grosses difficultés en français mais je m'en sortais quand même grâce aux mathématiques où j'excellais, d'où mon intérêt pour la comptabilité. J'allais faire des études dans cette voie durant 4 années. Deux années pour passer le BEP ainsi que 2 autres années pour le BAC. La filière professionnelle se déroule sur 4 années au total contre 3 ans pour la filière générale.

A 19 ans, une fois l'école terminée je suis rentré dans la vie active afin de pouvoir gagner ma vie. Je trouvai rapidement un emploi dans un magasin de bricolage. J'y postulai comme comptable et pour finir j'ai été pris en CDD comme vendeur. Je n'y connaissais absolument rien en bricolage car j'étais assez fainéant mais je relevai le défi malgré tout car je me sentais capable de « percer » dans n'importe quel domaine qui m'intéressait. Je me suis donc très intéressé au bâtiment, aux matériaux de construction ainsi qu'aux techniques de vente. Malgré mes carences initiales dans ce domaine, je savais que ma volonté affichée au travail me permettrait de me faire remarquer car comme je le dis souvent, celui qui a une bonne attitude, est disponible, affiche une grande volonté et qui sait se rendre indispensable aura toujours la préférence auprès d'un patron par rapport à celui qui se contente de ses acquis tels que ses diplômes. Après ce premier mois d'essai, je me suis donc vu proposer un CDI rémunéré au SMIC que j'ai logiquement accepté.

Mon auto-construction

Au bout de 1 an dans ce magasin, j'ai rencontré mon conseiller bancaire pour lui demander un prêt immobilier afin de construire ma maison. J'ai immédiatement essuyé un refus et j'ai également eu droit aux moqueries de mon conseiller qui m'a dit : « Sérieux, Mr Goudey, vous pensez que vous pourrez construire vous-même votre maison ? à 20 ans ? Et avec seulement 60.000 € (dû en fait à ma capacité d'endettement) ? Je crois qu'il faut un peu redescendre sur terre et revenez me voir quand vous aurez récupérer votre esprit… ».

J'avais 20 ans, était très timide et en me mettant une seconde à la place de mon conseiller, je ne pouvais pas lui en vouloir, j'aurais probablement fait pareil à sa place…
Seulement, « abandonner » ne fait pas parti de mon vocabulaire. Je me suis donc donné 1 an pour revoir mon plan, paraitre « plus crédible » afin d'être enfin pris au sérieux. Sur le plan financier tout d'abord j'économisai chaque mois 80% de mon salaire ! Etant logé, nourri et blanchi gratuitement cher mon grand-père, je pouvais me permettre cela, surtout qu'un collègue m'avait averti à ce

sujet en me disant : « Tom, si je n'ai qu'un conseil à te donner, profite de mettre de côté un maximum d'argent pendant que tu es chez ton grand-père car une fois dans la vie active, avec notre salaire de misère (800€/mois à l'époque) tu ne pourras plus jamais économiser quand tu seras indépendant avec un appartement et des factures à payer ».

Ensuite, je devais progresser sur la partie pratique, à savoir pouvoir construire seul ma maison... car j'avoue que je n'avais absolument encore jamais fait de bâtiment. Je me mis donc à apprendre par-cœur tout le chemin de la construction d'une maison ainsi que tous les corps de métiers que j'allais devoir mettre en pratique. En lisant tous les soirs des livres à ce sujet durant une année j'étais devenu « un expert » dans le domaine, ou plutôt dans la théorie... car la pratique c'est une autre histoire.

Un an plus tard, j'allais donc revoir le conseiller clientèle de ma banque, sûr de moi et je savais qu'en lui montrant des comptes « propres » avec une grosse capacité d'épargne au vu de mon faible salaire et en argumentant ma demande en employant des termes du bâtiment assez technique afin de l'impressionner j'augmentais mes chances d'obtenir satisfaction.

A la fin de notre rendez-vous, j'obtenais son accord pour le prêt d'une somme de 60.000€. Je n'en demandais pas plus pour construire ma maison. J'allais donc signer mon compromis de vente pour un terrain de 8 ares non viabilisé que j'avais trouvé au prix de 27.500 €. Une fois les frais de notaire, de garantie bancaire et les frais de dossier il me restait un peu moins de 30.000 € pour l'achat des matériaux. D'après mes devis réalisés, cela s'emblait suffisant pour construire une maison de 80 m² habitable.

Je me lançai donc dans le dessin de mes plans de permis de construire que j'obtins avant même l'acte de vente définitif de mon terrain. Une fois propriétaire de celui-ci, les travaux pouvaient commencer. J'allais donc passer tous mes jeudis, dimanche et lundi matin qui étaient mes jours de repos dans la construction de ma maison et ce donc en parallèle de mon travail de vendeur en surface de bricolage. A chacun de mes jours de repos j'étais très enthousiaste à l'Idée d'aller travailler sur mon chantier, surtout que le début de ma construction se fit pendant les beaux jours. Quel plaisir d'aller faire quelque chose qui nous plait, nous passionne et qui me permettait en plus de me muscler et bronzer en même temps !

Niveau pratique, je dois vous avouer que quand j'ai commencé le soubassement de ma maison j'ai pas mal galéré car c'était la première fois que je touchais des agglos et le pire vint au moment du coulage de la première dalle… J'avais commandé un camion toupie mais je ne m'étais pas imaginé à quel point j'étais inconscient de vouloir « tirer » celle-ci tout seul sans aucune expérience auparavant. Je sentais même le chauffeur du camion qui se foutait de moi.

Heureusement, j'ai eu l'énorme chance que mon voisin, à la retraite, soit là et qui ait également auto-construit à sept reprises pour venir m'aider. Grâce à cette aide et ce soutien, ça été beaucoup plus facile et on a pu terminer le tirage de cette dalle sans souci. Ouf !

Ensuite, pour l'élévation des murs, cela a été beaucoup plus simple et j'ai pu bénéficier des conseils et astuces de mon voisin. Ensuite, arrivé en haut il me prêta son échafaudage qui me fut très utile pour également faire le pignon qui était à 7 mètres.

Concernant la charpente et la couverture j'ai pu faire avec mon beau-père. Pour le second œuvre, ce fut une partie de plaisir car c'est beaucoup moins physique que le gros-œuvre mais aussi cela permet de travailler à l'abri. Quand fut venu le moment de faire la partie technique telle que l'électricité et la plomberie j'ai eu une énorme satisfaction que tout se passe à merveille. En effet, je n'ai eu aucune fuite sur cette dernière et concernant l'électricité j'ai pu obtenir mon « Consuel » du premier coup. Ce qui est une énorme satisfaction car quand il sait que c'est un particulier qui l'a faite, le contrôleur épluche tout.

La plus grosse difficulté que j'ai eue dans cette auto-construction, fut au final mes débuts en maçonnerie lors de la construction du soubassement mais également lors de la pose du carrelage.

Après avoir vécu une telle expérience à l'âge de mes 21 ans, le plus difficile, je dirais que c'est la partie mentale. Il faut être très fort dans sa tête et avoir une détermination de fou pour arriver à faire cela à cet âge-là. Car ne l'oublions pas, pendant mes jours de repos je travaillais corps et âme dans ma maison en plus de mon emploi à plein temps cher Bricomarché mais je passais également tous les soirs à faire le travail d'un Maître d'œuvre et d'un patron d'entreprise du bâtiment (calcul du matériel à acheter, timing du déroulement de la construction, etc…).

J'avais mis exactement 1 an et demi pour cette auto-construction. Quand je repasse devant aujourd'hui, soit 15 ans après, je vois qu'elle n'a pas bougé d'un poil, quelle satisfaction ! Après coup, quand j'y repense, je me dis : « Tom, mais tu es un fou quand même ! »

Sentez-vous privilégié car cette histoire je la raconte à très peu de monde ! Et là, vous vous dites mais pourquoi ? Eh bien pour la simple et bonne raison que personne ne me croit sauf bien évidement quelques personnes de ma famille qui m'ont vu en action, mes ex-voisins ainsi que le directeur de mon agence bancaire de l'époque qui habitait le village de cette auto-construction et qui venait se promener avec sa femme le dimanche en venant jeter un œil sur ma construction… et aussi peut être pour voir où il avait mis son argent (enfin celle de son agence…).

Je vole de mes propres ailes

Une fois terminé, j'emménageai dans ma maison, seul. Ça faisait bizarre tout ça. Etre indépendant à 22 ans, le fait d'habiter déjà dans une maison aussi jeune, dans cette construction faite de mes propres mains alors que 2 ans auparavant j'étais un gros fainéant… incroyable !

En relisant ces mots j'ai moi-même du mal à me ré-imaginer cela donc je vous comprends si vous aussi vous n'y croyez pas. Après 1 an et demi, je revendais cette maison car un peu trop à la campagne à mes goûts d'une part, mais aussi car j'avais trouvé un autre emploi à 30mn de chez moi et mon patron de l'époque m'embauchait pour l'unique raison que je me rapproche de mon lieu de travail. Du coup, je me suis dit, pourquoi ne pas vendre cette maison, louer un appartement proche de mon nouveau travail, acheter un terrain avec la plus-value effectuée et rebâtir !

Je l'ai fait une fois, j'ai désormais de l'expérience et je n'ai de plus qu'à emprunter que pour les matériaux cette fois.

Je remets ça

Une fois que j'expliquai à mon nouvel employeur ce que j'allais faire, il me fit donc signer mon CDI et je pris rapidement un F1 le temps de rebâtir une nouvelle maison. Très rapidement je trouvai acquéreur de ma première construction et retrouvai également dans la foulée un terrain de 10 ares non viabilisé encore une fois dans la ville de mon nouveau lieu de travail. Je déposai rapidement en Mairie les plans de mon nouveau projet et comme pour la première fois, j'obtins du 1er coup mon PC avant même d'être propriétaire du terrain. Une fois l'acte de vente définitif signé, je débutai aussitôt la construction.

Comme pour la première construction, je disposais de 2 jours et demi de repos dans la semaine ce qui me permettait de pouvoir faire avancer mon chantier à une allure correcte. Ce projet était plus grand que le précédent et j'y rajoutai en plus, une piscine creusée, un bassin à poissons ainsi qu'une cuisine d'été. Comme pour la première auto-construction, la banque me prêtait 60.000 € mais que je pouvais cette fois-ci allouer entièrement à l'achat de matériaux puisque le terrain, frais de notaire et d'hypothèque étaient payés comptant avec la plus-value de la vente de ma première construction. J'avais 24 ans.

Afin de ne pas reproduire les mêmes erreurs, j'embauchai donc ma mère pour tirer la 1ere dalle béton à la règle de maçon mais elle m'a très peu aidé car vu la difficulté physique que ça demande de tirer une dalle avec une règle de 4 mètres, j'ai dû compenser fortement ses carences et au final j'ai quand même galéré.

Je n'ai pas retenu la leçon de la première dalle, quel idiot suis-je ! Cette leçon je m'en suis rappelé ensuite dans tout ce que j'ai pu entreprendre dans la vie. J'ai ensuite pu faire la maçonnerie sans souci, le toit et le second œuvre, mon seul regret est de n'avoir pas pris plus de photos, voire même de filmer une partie de cette construction afin d'immortaliser cet exploit que j'avais encore réalisé.

Je mis également 1 an et demi pour la construction de cette maison, comme la dernière. J'allais plus vite que la dernière fois mais celle-ci était néanmoins plus grande. 100 m² contre 80m², sans compter la cuisine d'été ainsi que la piscine creusée. A nouveau, j'étais fier de moi. Je pris beaucoup plus de plaisir à habiter celle-ci car j'y avais ajouté beaucoup d'éléments de confort. Après mes 4 années comme responsable de rayon (électricité, plomberie-sanitaire, chauffage, électroportatif) j'eu envie de voir autre chose, je commençai à me lasser de faire toujours la même chose sans pouvoir obtenir une quelconque évolution dans ces petites structures où j'ai évolué. Je devenais ambitieux, prenais conscience de mon potentiel et je prétendais à un autre niveau de revenus.

Je mis donc fin à mon contrat de travail à l'amiable, profitant de ma période de chômage pour apprendre encore afin de pouvoir faire et devenir plus. Je trouvai rapidement ensuite un boulot de commercial pour un grand constructeur de maison. Le travail consistait à trouver des clients pour leur vendre une maison mais également leur trouver le terrain de leur rêve mais également faire leur étude de financement afin de budgétiser le tout. Nous étions 5 commerciaux et rapidement je devins le meilleur car j'avais une énorme connaissance dans ces 3 domaines, ma seule lacune était la communication... ah si j'avais écouté en classe quand j'étais en français.

Une 3e auto-construction

De là, j'ai eu à nouveau l'envie de rebâtir une maison. Mon chef d'agence qui m'adorait à cette époque-là fut licencié et par conséquence je m'entendis avec la direction pour mettre fin à mon contrat de façon amiable. Je me mis rapidement à la recherche d'un nouveau terrain à bâtir, demandai à la banque un prêt relais pour bloquer un terrain que j'avais déniché qui disposait d'une excellente vue imprenable et mis ma résidence actuelle en vente. Comme pour la première, elle fut vendue en quelques semaines et j'ai de nouveau dû relouer un appartement le temps de la construction de ma 3e maison. Soit 5 ans après ma 2e construction.

Cette fois ci, avec la plus-value réalisée, j'ai pu me payer le terrain comptant, plus tous les frais annexes ainsi que tout le gros œuvre. J'empruntai encore une fois 60.000 € à ma banque pour acheter le reste des matériaux, tel que le second œuvre, ainsi que la piscine creusée, très appréciable l'été. Avec l'expérience emmagasinée, cette construction ne m'a pris que 6 mois. Une telle rapidité a pu être possible du fait que je ne travaillais pas à côté. Etant au chômage j'ai demandé l'ACCRE ce qui me garantissait de percevoir durant une année mes allocations de chômage sans avoir besoin de justifier d'une recherche d'emploi. On aurait pu considérer que j'étais en formation puis que je me lançai comme autoentrepreneur dans la Maitrise d'œuvre et économiste de la construction…

Je crée mon business sur internet

Etant en hiver en cette période, je me mis à vendre des plans de permis de construire afin de pouvoir travailler sans sortir de chez moi et de profiter de ma magnifique villa. Commercialement j'ai rapidement rencontré un vif succès et ce pour plusieurs raisons. Le 1er dû à une offre de prix très agressive en étant le moins cher de France. 299€ le plan de permis de construire prêt à déposer en Mairie, soit 2 à 10 fois moins cher que mes concurrents. La 2e dû à la rapidité d'exécution. Là où mes concurrents mettaient 2 semaines en moyenne pour réaliser les plans de leurs clients moi je les garantissais en 3 jours !

Grâce à la publicité que je faisais sur Google Adwords ainsi que les recommandations, je trouvais sans souci des clients dans toute la France ainsi qu'en dehors où j'ai même été amené à réaliser les plans complets de tout une aire de repos (pompe à essence, boutique, garage, parking et aire de jeux) pour un entrepreneur en Guadeloupe. Bien évidemment ce coup-là, je n'ai pas travaillé pour 299€ et la prestation que j'ai rendue devait être exceptionnelle (plans, photos, film avec visite 3D du projet, etc...).

J'ai exercé cette activité durant 2 ans principalement l'hiver et l'été je mettais mon activité sur pause afin de profiter de la vie car j'avais déjà pas mal « donné » auparavant et j'avais envie de profiter de ma jeunesse également, car en ce temps j'avais quand même 30 ans et je n'avais eu que très peu de temps à moi afin de profiter de ma vie. Après 2 ans d'activité en saisonnier, j'avais envie d'un nouveau défi et un bel imprévu vint se greffer à moi et pas des moindres : mon ex-compagne venait de bâtir en face de chez moi ! Quelle poisse me direz-vous.

Du coup, je mettais ma résidence actuelle de nouveau en vente, me mettais à la recherche d'un nouveau terrain et demandai un prêt relais à ma banque. Au sujet de ce dernier vous devez savoir que la banque vous prête à hauteur de 70% de la valeur de votre bien à vendre afin d'avoir une marge de sécurité. Vous ne payez que les intérêts du prêt pour une période maximale de 2 ans et une fois votre bien vendu, le Notaire solde immédiatement votre prêt relais. Ce système vous permet d'obtenir rapidement une grosse somme d'argent, soit pour l'utiliser pour un nouveau projet, soit comme dans mon cas d'acheter un terrain et de pouvoir commencer le gros-œuvre de la prochaine maison dans l'attente de vendre son bien actuel. Comme à chaque fois, je louai un appartement et je vendis ma maison en quelques semaines.

Une 4e auto-construction

Très peu de temps ensuite, je trouvai un magnifique terrain dans un éco-quartier en fond d'impasse juste à côté d'un bois et d'un champ qui inspirait calme et tranquillité. Comme d'habitude, la plus-value réalisée de façon involontaire me permettait d'acheter un plus grand terrain et de bâtir une plus grosse maison avec des éléments supplémentaires de confort. Avec 2 enfants à cette époque j'avais envie de me poser et arrêter ces déménagements à répétition. Cette auto-construction m'a pris 9 mois du fait que l'hiver tomba en plein milieu de ma construction. Une fois terminé, nous partions habiter cette maison avec ma conjointe et mes 2 enfants. J'adorais cette maison car elle était dotée de très belles chambres à l'étage avec un grand balcon et une magnifique vue sur les champs et notre piscine mais au bout de 2 ans, un grave accident arrivait à ma fille d'1 an. A l'étage, mon fils de 3 ans avait compris comment on ouvrait la barrière de sécurité pour enfant et un jour que nos deux enfants étaient ensemble dans la salle de jeux pendant que ma compagne pendait le linge, mon fils ainé ouvrit cette barrière et ma fille en profita pour s'approcher de l'escalier et chuta avec son trotteur toutes les marches une par une jusqu'en bas. Paniqués, nous sommes allés immédiatement la secourir ; elle était couverte de bleus sur tout le visage. Nous l'avons emmenée d'urgence à l'hôpital et heureusement après plusieurs examens et une nuit à l'hôpital elle est ressortie indemne de sa chute.

Après cette terrible peur, nous jugions ces escaliers en carrelage trop dangereux pour nos enfants sachant que même avec des éléments de sécurité aux normes le danger était quand même présent. Par conséquence, nous avons pris ensemble la décision de vendre cette maison.

De ce fait, vous vous en doutez bien, notre prochaine habitation allait être entièrement de plein pied afin de garantir la sécurité de nos enfants. On recommença donc notre schéma que l'on connaît désormais par cœur à savoir : recherche de terrain proche de l'école de notre fils, recherche d'appartement puis vente de cette maison. Comme à l'accoutumée elle fut vendue en quelques mois mais avant cela nous avons dû encore contracter un prêt relais afin de pouvoir acheter le terrain de 10 ares que nous avions repéré avec une vieille maison dessus et pour pouvoir commencer la construction.

5 mois suffiront cette fois pour construire celle-ci. Elle ne faisait que 115m² de plein pied, en briques mono-mur et fermette pour la charpente. J'y consacrai comme pour les deux dernières, au moins 50 heures hebdomadaires de travail sans compter le travail dans l'ombre (calcul du matériel à acheter...) le soir. Noter que pour cette cinquième construction j'avais l'obligation de respecter la toute dernière norme, la RT2012. Après le test infiltrométrie, le résultat était exceptionnel, la maison était parfaitement étanche à l'air en plus d'être très bien isolée. La consommation de chauffage estimée était de seulement

de 1€/m² par an ! Durant la construction, nous habitions la vieille maison d'à côté que j'avais rapidement rénovée entre le moment où nous avions signé le compromis de vente et l'acte de vente définitif. Ceci dans le but de ne pas perdre de temps. Une fois propriétaire du lot et le Permis de Construire obtenu, mon but était de commencer la maison sans perdre de temps.

Une fois notre maison neuve construite, je louais la vieille maison à ma mère car elle était assez proche de la nôtre. Néanmoins, ce que je n'avais pas prévu était que si un jour ma mère partait, qui est ce que je mettrais dans cette maison proche de la nôtre ? Au bout de 2 ans, ce jour arriva. Ma mère déménageait et ne voulant pas laisser cette maison vide et ni la laisser vacante parce qu'elle nous servait aussi à rembourser notre encours crédit je me retrouvai dans une impasse. Je pris donc la décision de la vendre.

Seulement vendre une maison neuve avec une vieille maison juste à côté n'est pas chose aisée. Pour trouver à la vendre j'ai dû brader un peu le prix à un point où je n'ai rien gagné dessus. Même si mon but initial n'était pas de revendre ce bien, surtout que nous nous sentions bien dans cette maison avec piscine, cuisine d'été et école à proximité.

De plus, trouver quelque chose dans ce village entre les 2 plus grandes villes de l'agglomération n'est pas simple. C'est un village très recherché où les prix au m² sont élevés et malgré cela les biens partent très vite.

Ma dernière auto-construction

Ne désirant pas faire changer d'école nos enfants j'ai dû faire mon maximum pour retrouver un bien dans ce petit village. Je prenais donc ma voiture un soir, repérai tous les terrains à bâtir d'au moins 8 ares et ensuite j'allais à la Mairie pour obtenir les noms des propriétaires. Malheureusement aucun d'entre eux n'avaient l'intention de vendre son terrain et n'avait besoin d'argent. A force de persévérance et d'obstination j'ai pu rapidement trouver un terrain de 20 ares (un peu trop grand mais il n'y avait que çà) vendu à prix d'or. Mais pas le choix, nous voulions à tout prix rester dans ce village et j'ai donc dû faire de gros effort pour acheter ce terrain, mais je me disais que plus tard je mettrais les bouchées doubles pour refaire cet argent perdu.

Comme d'habitude je faisais les plans de cette maison, nous louions un appartement durant 4 mois le temps de la construction. Et je recommençai mon auto-construction mais cette fois en prenant 1 artisan qui démarrait son activité pour la maçonnerie et qui me faisait un prix imbattable contre l'échange que je l'aide et que je lui fasse part de mon expérience de la maçonnerie. En effet, cet artisan était un excellent travailleur mais il avait des carences en technique et dans certaines règles de construction. C'était donc un excellent compromis car je ne me voyais pas rester les mains dans les poches et comme j'ai du mal à faire confiance aux artisans, cela me permettrait de pouvoir avoir le contrôle.

Cette maison de plein pied d'une surface au sol de 250m² brute allait être construite en simplement 4 mois. Mon nouveau record ! Au bout de la 6ᵉ maison il faut avouer que ça va tout seul. Quand tout est coordonné et qu'il n'y a aucun temps mort, ça avance très vite.

Aujourd'hui, en 2019, cela fait 3 ans que nous habitons cette maison et nous nous y plaisons énormément. Nous ne manquons de rien. J'espère à présent ne plus avoir à rebâtir. Avec l'expérience, en toute franchise, je peux vous avouer qu'il faut être extrêmement fort dans sa tête ne serait-ce que pour faire une auto construction. Ça demande une très forte autodiscipline, détermination, motivation en plus de connaitre la théorie de la construction d'une maison sur le bout des doigts.

Quand je repense à toute cette aventure, il m'arrive même par moment d'avoir du mal à y croire. On m'aurait dit cela quand j'étais encore étudiant je n'y aurais surement pas cru un seul instant.

Volonté et détermination, la clé !

Toutes ces auto-constructions m'ont démontré une chose, qu'avec de la volonté et de la détermination on peut tout réaliser dans la vie mais aussi que ma passion était l'immobilier. Mes proches me disaient toujours : « mais pourquoi ne te lances tu pas dans la location immobilière ? » Je répondais aussitôt : « Ce n'est pas pour moi, gérer des locataires, faire face aux impayés, etc... Non merci ! ». Quelques temps après et après avoir lu plusieurs livres parlant de liberté financière je m'étais dit qu'il fallait que je trouve un moyen pour ne plus travailler pour l'argent mais plutôt faire travailler l'argent pour moi. A côté de ça, j'avais le rêve de prendre ma retraite ou tout du moins d'être libre financièrement à 35 ans.

L'investissement immobilier permet cela. Etant donné que je suis de la partie et que c'était ma plus grosse qualité mais aussi ma passion je me suis dit : « Essayons ! » et après tout si ça ne marche pas je peux toujours revendre.

Mon 1ᵉʳ investissement immobilier

J'allais donc prendre rdv avec mon directeur d'agence bancaire et je lui présentai 2 projets que j'avais repérés avec lesquels j'avais la possibilité de réaliser 20% de rentabilité. Le 1ᵉʳ immeuble de 3 appartements qui me donnait la possibilité après travaux d'avoir 2 appartements de plus était négocié à 80.000 € ; le 2ᵉ immeuble de 4 appartements avec combles aménageables était celui-là négocié à 150.000 €. Mon banquier me conseilla donc de me faire la main avec le 1ᵉʳ immeuble pour lequel il m'octroya un prêt immobilier de 100.000 € sur 15 ans avec des mensualités de 700€/mois. Vous vous demandez surement s'il m'a réclamé mes fiches de paie et feuilles d'impôts : « bien évidemment » et là je vous vois venir et vous demander pourquoi il m'octroierait un prêt immobilier alors que je n'ai quasiment aucun revenu ? La réponse est simple : « Ce n'est pas moi qui rembourserai mon crédit immobilier mais bel et bien mes locataires ! Mon banquier avait la fibre immobilière et il l'a bien compris ». Sur l'argent emprunté, une fois l'immeuble payé, les frais de notaire, de garantie, etc… il me restait donc 12.000 € pour les travaux. Ceci était suffisant étant donné que je faisais moi-même les travaux. J'avais seulement 3 appartements à rafraichir, un F3, un F2, un F1 et 2 studios de 13m² et 19m² à créer dans une grande cave de plein pied. Ayant négocié un report de mensualité, je n'avais donc pas à rembourser mon encours crédit durant la période de travaux qui dura 3 mois. Une fois ces travaux réalisés et mon enveloppe travaux utilisée, j'ai acheté le mobilier avec mon épargne pour ces 5 appartements afin de faire uniquement du meublé bien plus avantageux fiscalement. Ce statut, au régime réel permet d'amortir le prix de l'immeuble sur la durée du crédit, terrain déduit, en plus de pouvoir amortir tous mes travaux, frais de notaire, frais de dossier, intérêts bancaires et frais de garantie.

Une fois loués, ces 5 appartements me rapportaient environ 1.700€/mois hors charges de revenus locatifs, soit 1.000€ chaque mois de cash-flow. En utilisant l'effet de levier de la banque j'avais trouvé une solution qui m'avait demandé seulement 3 mois d'efforts pour remplacer mon salaire sans me fatiguer. Je venais de comprendre la magie de l'expression : « faire travailler l'argent pour soi ! ».

Rentabilité
20%
MONOPOLY

Mon 2ᵉ investissement immobilier

Après 3 mois de mise en location et voyant que cela fonctionnait bien, je me mis à la recherche d'un autre bien. Quelques jours seulement après, c'est la bonne affaire qui venait sonner à ma porte. Un copain dont la tante venait de décéder, m'envoyait ses héritiers car ils avaient son ensemble immobilier à vendre. Cet ensemble comprenait 1 grande maison, 1 garage triple et 1 buanderie indépendante. Comme ils avaient besoin d'argent rapidement, je proposai à ses héritiers une offre basse de 100.000€ et nous avons conclu la vente sur la somme de 105.000€. Excellente affaire pour moi car j'ai vu de suite le potentiel de ce bien. Louer cette ensemble en l'état me rapporterait même la possibilité de rembourser mon crédit, mais en réalisant les travaux de rénovation dans la grande maison, en la divisant en 5 logements, en créant un appartement F1 dans la buanderie et 2 autres F2 dans le garage triple après avoir bien sûr obtenu le permis de construire pour le changement de destination des locaux, il y avait un gros coup à faire.

Je pris donc rendez-vous à ma banque, présentai le projet sur papier à mon banquier avec chiffres et graphique à l'appui et super bien argumenté comme jamais l'habitude de faire et j'ai obtenu une enveloppe de 180.000€ pour l'achat de cet ensemble immobilier, les frais de notaire, frais de garantie et tous les travaux. Il ne faut pas oublier qu'à ce moment je suis autoentrepreneur, ne gagne pas d'argent, vu que je travaille dans mes biens et que ma conjointe est mère au foyer. Pour convaincre le banquier avec aucun revenu, juste des allocations familiales (même pas le RSA) il faut être costaud et savoir-faire un dossier et parler immobilier comme un professionnel pour obtenir un prêt immobilier de cette importance après avoir déjà un encours sur le 1er immeuble mais également sur ma résidence principale.

Quatre mois après, une fois tous ces travaux réalisés par mes soins avec 2 copains autoentrepreneurs je mis ces 8 appartements meublés en location et en seulement 2 semaines tous étaient loués et me rapportaient mensuellement, pas loin de 3.000€ de loyers hors charges. Ma mensualité était de 1.200€/mois du fait d'avoir emprunté 180.000€ sur 15 ans. En moins d'un an d'investissement immobilier je me dégageais déjà 2800€/mois de cash-flow et je devenais rentier de l'immobilier.

Rentabilité
20%
MONOPOLY

Une fois qu'on a la méthodologie et les stratégies, il suffit simplement de dupliquer pour augmenter ses revenus. On m'aurait dit 1 an avant cela qu'en 12 mois je pourrais avoir 2.800€ de cash-flow mensuel grâce à l'immobilier sans travailler, sans devoir me lever le matin pour un travail qui me volerait mon temps 5 jours sur 7 jusqu'à 60 ans passés je n'y aurais jamais cru. Certainement dû aux croyances limitantes que l'on nous inculque à l'école et nos parents qui nous rabâchent que si l'on veut gagner de l'argent il faut travailler. Après coup, je trouve qu'au final c'était bien plus facile que je ne l'avais imaginé. L'argent appelle l'argent et ensuite on en veut plus, surtout quand on a compris les principes de l'enrichissement. Pour accroitre mes revenus, je sais désormais qu'il me suffit simplement de dupliquer ces stratégies et les résultats viendront d'eux-mêmes.

« *Les riches travaillent aux résultats, les pauvres travaillent à l'heure* »

L'auteur

Mon 3ᵉ investissement immobilier

Certains se seraient arrêtés là et se seraient contentés de leurs acquis afin de profiter un peu de la vie. Seulement, quand on a un état d'esprit d'investisseur ou d'entrepreneur, dur de vouloir prendre sa retraite si tôt, surtout quand on a la chance de pouvoir faire ce que l'on aime. Du coup, je me remis en recherche d'un nouveau bien. Il y avait un immeuble que j'avais repéré durant plusieurs mois lors de la rénovation de mon second investissement immobilier et voyant qu'il ne se vendait pas depuis un bon moment, je m'étais dit qu'une marge de négociation serait certainement envisageable. Je contactai donc l'agence immobilière qui avait une exclusivité sur ce bien, elle m'annonça que ce bien était à vendre depuis 3 ans environ. Son prix initial était de 300.000€ mais après plusieurs réajustements de prix à la baisse il était à présent à 120.000€ ferme. Je prenais donc rendez-vous pour visiter ce bien. Il était en très mauvaise état, le type de bien que personne ne veut mais que moi j'adore à plus d'un titre. Cela permet une belle négociation mais aussi de pouvoir faire beaucoup de travaux qui seront ensuite déductibles des revenus locatifs.

Je posai à l'agent immobilier 3 questions clés :

- <u>La première :</u>

Depuis combien de temps les vendeurs sont-ils propriétaires du bien ?

La réponse était d'environ 30 ans. Je savais donc qu'ils n'avaient très certainement plus d'encours crédit à la banque et qu'ils avaient la possibilité de descendre leur prix. En effet, s'ils n'avaient été propriétaires que depuis 3 ans, je me doute bien qu'ils devraient certainement une grosse somme d'agent à la banque et devant rembourser leur crédit ils n'auraient guère la possibilité de descendre le prix.

- <u>La deuxième :</u>

Y a - t-il eu beaucoup de visites ?

Environ une vingtaine, de mémoire, et aucun n'avait fait une offre. Le vendeur devait donc être usé de ne trouver aucun acquéreur et certainement frustré de ne pas avoir eu une seule offre.

- <u>La troisième :</u>

Pourquoi vendent-ils ?

Tout simplement, les vendeurs prenaient leur retraite. Ayant une Taxe Foncière à payer ainsi que l'entretien du bâtiment à faire (comme mettre hors gel l'installation de chauffage) je m'étais dit que cet immeuble allait commencer à devenir un fardeau pour eux.

Je dis ensuite à l'agent immobilier que ce bien m'intéressait et que j'allais faire une offre, mais en dessous de ce qu'ils désiraient en justifiant que j'avais non seulement tout l'intérieur à refaire mais également la couverture et la chaufferie. J'en proposai 80.000€ en espérant qu'au maximum ils couperont la poire en deux et que j'obtiendrai cet immeuble pour 100.000€. L'agent immobilier me disait : « Impossible qu'ils acceptent, on est déjà passé de 300.000€ à 120.000€ en 2 ans et là le vendeur vient de la descendre de 150.000€ à 120.000€ ».

Je transmis néanmoins mon offre à l'agent immobilier afin qu'il la fasse connaître aux vendeurs et qu'ils me répondent. Le lendemain, l'agent immobilier m'appelait pour m'annoncer que les vendeurs avaient accepté mon offre à 80.000€ ! Je n'en revenais pas, j'eu cette immeuble de 250 m² en plein centre-ville pour une bouchée de pain.

Rapidement, je signais l'acte de vente définitif. En parallèle j'avais réalisé ma Déclaration de Travaux pour la réfection de la toiture car étant en zone classée, la Mairie devait consulter les « Bâtiments de France » pour émettre un avis favorable.

Entre le compromis de vente et l'acte officiel, j'en profitai pour réaliser moi-même mes autres devis ainsi que le devis chaufferie pour gagner du temps mais aussi pour ficeler ma demande de crédit. Sur cette opération, j'empruntai 162.000€ à ma banque pour couvrir tous mes frais et ainsi ne pas mettre 1€ de ma poche. <u>Cela permet 2 choses :</u>

- La première de ne pas toucher à son épargne et ainsi garder un petit matelas de secours en cas d'éventuel coup dur.

- La deuxième permet un avantage fiscal. En effet, vu que l'on peut déduire en plus des travaux, les frais de dossier bancaire, les frais d'hypothèque et les intérêts bancaires, il y a donc un grand avantage à utiliser la dette pour déduire un maximum de frais. Même si vous aviez 1 million d'euros en banque, fiscalement vous feriez une grave erreur de mettre de l'apport.

Ce prêt immobilier étant sur une durée de 15 ans, cela me faisait donc des mensualités de 1100€/mois environ. La rentabilité de ce bien étant de 25% je vous laisse faire le calcul. Si je voulais, je pourrais donc rembourser mon crédit sur 4 ans avec l'argent des loyers. Mais comme dit précédemment, ceci serait fiscalement inintéressant.

L'immobilier est un excellent levier pour s'enrichir rapidement grâce aux banques. A condition de savoir bien utiliser cet effet de levier.

Rentabilité
25 %
MONOPOLY

Mon 4ᵉ investissement immobilier

3 mois après la mise en location de mes 8 lots dans mon dernier investissement, je retrouvais un bien à 50 mètres seulement de celui-ci qui était également à vendre depuis un moment. Ceci me fait d'ailleurs dire que si j'ai trouvé ces 2 opportunités à 50m l'une de l'autre et en plein centre-ville, ce n'est pas dû à la chance. Car comme je vous ai dit, ils étaient à vendre tous deux depuis des années. Donc à la vue de tous et plein d'investisseurs immobiliers auraient pu saisir l'affaire avant moi. Alors pourquoi ne l'ont-ils pas acheté ? Tout simplement car ils n'ont pas vu le potentiel du bien.

Repérer le potentiel d'un bien, c'est ce qui me permet dans 98% des cas de ne pas être en concurrence avec les autres investisseurs, car eux ne regardent que les chiffres, pendant que moi je les estime de façon juste et cohérentes après la mise en valeur de ce potentiel. C'est cette vision que j'enseigne désormais dans toutes mes formations que je propose via mes réseaux sociaux. Cette « vision » qui vous permettra de détecter le potentiel d'un bien et de mettre hors-jeux la quasi-totalité des autres investisseurs qui ne sont peut-être pas de vrai « professionnel ». Comme je dis souvent, investisseur immobilier à haut rendement c'est un métier. Ça ne s'improvise pas en voyant faire les copains ou en regardant simplement 3 vidéos YouTube sur le sujet. La rentabilité moyenne d'un investisseur immobilier en France est de 4% brut. Me concernant ça tourne plutôt autour des 20%. Investir pour seulement devenir rentable dans 15 ou 20 ans à la fin de son crédit immobilier n'a pour moi aucun sens. Car une fois votre prêt soldé et le bien amorti (ce qui n'est pas possible dans la location nue par exemple) si vous faites de la location meublée, les impôts vont vous tomber dessus. Et ils vous tomberont dessus encore bien plus vite si vous faites de la location nue (la plus classique).

En admettant que votre « T.M.I. » (Tranche Marginale d'Imposition) soit de 30%, avec la C.S.G.-C.R.D.S. de 17,2% à payer, cela ne vous fait pas loin de 45% à donner aux impôts sur vos revenus locatifs ! Ce qui est énorme...

A mon sens, l'idéal est d'investir dans des immeubles plutôt que dans des appartements car le prix d'achat au m² sera bien plus intéressant. On paie au prix de gros pourrait-on dire. De plus cela vous permet d'éviter une forte concurrence car la grande majorité des actifs recherchent des appartements que ce soit pour de l'investissement immobilier ou tout simplement de la résidence principale.

Pour moi il faut donc devenir très vite rentable, pour, d'une part devenir libre financièrement mais d'autre part pour profiter de la vie pendant ses plus belles années.

Le gros avantage aussi de quitter son emploi est de pouvoir descendre sa Tranche Marginale d'Imposition est donc de réduire son imposition sur ses logements...

Mon 5ᵉ investissement immobilier

Ce 5ᵉ investissement arrivait 6 mois après le quatrième. Contrairement à tous les autres, tous les appartements étaient créés et loués. Il y avait néanmoins la possibilité de créer un studio dans la cave au RDC après Déclaration de Travaux à la Mairie car il y avait trois mètres de hauteur sous plafond.

Cet immeuble était affiché à 500.000€ depuis seulement quelques mois et il faut aussi que je vous avoue que mon banquier avait déjà posé quelques conditions lors de mon dernier investissement. Il m'avait prévenu que la prochaine fois il faudrait que je reste dans les mêmes montants d'emprunt, soit 180.000€ maximum et que j'apporte 30% d'apport.

Après avoir visité quatre appartements de cet immeuble en toquant chez les locataires avant même de contacter le propriétaire, je fis mes calculs et afin d'être rentable (16% de rentabilité dans ce cas) je proposai 430.000€ à mon vendeur qui refusa. Néanmoins je lui ai expliqué qu'à ce prix il aurait des difficultés à trouver preneur et qu'avec moi il n'aurait plus besoins de chercher car étant investisseur professionnel j'aurais de grande chance d'avoir mon prêt immobilier. Bien évidement c'était de l'intox afin qu'il cède à mon offre.

Nous concluons donc un compromis de vente chez le Notaire le 3 mars ; et le 30 mars nous signons l'acte de vente définitif. J'ai en effet rapidement pu avoir mon offre de prêt (2 jours après mon rendez-vous cher mon directeur d'agence bancaire) et j'ai contacté l'urbanisme de la Mairie pour qu'elle lève rapidement le droit de préemption.

A votre avis, ai-je mis 30% d'apport dans ce projet ? Bien sûr que non. D'ailleurs je ne les aurais même pas eus. J'ai pu me faire prêter 477.000€ afin de payer cet immeuble, les frais de Notaire et frais de garantie ainsi que les travaux pour la création de mon studio.

Comme à l'accoutumée je n'ai pas mis d'argent dans ce projet et j'ai utilisé l'effet de levier de la banque pour acheter ce bien. Fiscalement c'est le top.

Coté chiffres, cet immeuble disposait de 15 appartements qui rapportaient 5.000€/mois de loyer qui passerait rapidement à 6.000€/mois grâce au studio créé, ainsi que l'embellissement de 2 appartements entre 2 changements de locataires. Ayant emprunté sur 15 ans, mes mensualités de remboursement d'emprunt s'élèvent à 3090€/mois. Au vu du cash-flow que cet immeuble m'apporte vous comprenez mieux maintenant pourquoi le banquier n'avait que très peu d'arguments pour refuser ma demande de financement.

Au final, ces 3 derniers immeubles de rapport se situent à cent mètres les uns des autres. Ceci par choix car comme je gère moi-même mes biens pour un contrôle total de mon business immobilier, cela est plus pratique. Grâce à ma stratégie, j'ai même pu repérer 2 autres biens qui auraient été tout aussi rentables à quelques mètres de ce secteur mais je ne peux pas tout acheter malheureusement et je me vois mal aller voir mon banquier tous les mois dès que je trouve un bien à gros potentiel.

Vous l'aurez compris, ma stratégie me permet de trouver des biens à fort potentiel quasiment où je veux, dans le secteur qui m'intéresse et cette « vision » comme je l'appelle me permet de pouvoir trouver des biens à haut rendement dans n'importe quelle ville de France. Dans mon cas précis, mes 44 biens se situent tous à 5 minutes maximum de chez moi. C'est l'idéal quand on veut gérer soit même ses biens.

De plus, ma stratégie fiscale pour démarrer dans l'investissement immobilier (LMNP puis LMP) permet de grandement diminuer son impôt voir même de le supprimer pour plusieurs années grâce à la location meublée qui permet d'amortir (généralement sur 20 ans) l'intégralité du prix de l'immeuble (estimation du terrain déduit). On peut donc considérer ce régime comme une niche fiscale. Dans ce cas précis, je vous recommande très fortement de travailler avec un Expert-Comptable pour votre bilan ainsi que l'établissement de vos feuilles d'impôts pour ne rien omettre et éviter toutes erreurs. Cette prestation est également déductible de vos impôts...

Investisseur immobilier c'est un métier

En regardant mon parcourt d'investisseur immobilier ça a l'air facile mais je ne vous recommande pas de vous lancer dans ce domaine sans formation. Ça a l'air logique et pourtant je vois énormément de gens se lancer dans l'investissement immobilier sans aucune connaissance, en souscrivant des programmes immobiliers qui vous font miroiter de gros avantages fiscaux avec une multitude de clauses et au final vous vous retrouvez avec un appartement acheté bien au-dessus du prix du marché et plus tard soit vous le revendez à perte, soit vous vous faites « allumer » par les impôts. Dans les autres cas, les investisseurs achètent une dette en se contentant de loyers remboursant simplement leur crédit et avec la taxe foncière et l'assurance à payer, ils doivent mettre encore de l'argent de leur poche. Une fois que ces investisseurs débutants retournent voir le banquier il s'ensuit un refus pour la simple et bonne raison que votre banque ne compte que 70% de vos revenus locatifs pour se prémunir d'éventuelles carences, impayés, travaux, etc.

Pour réussir dans l'immobilier et gagner rapidement son indépendance il faut au minimum que vos loyers remboursent 2 fois votre crédit, dans mon cas je suis plus proche de 2 fois et demi même comme je fais une partie des travaux moi-même.

Pour arriver à de tels résultats vous devez connaitre votre marché local, le coût de tous types de travaux (pour ne pas perdre de temps à attendre les devis pour faire votre offre), le droit immobilier, l'urbanisme, la fiscalité et le financement bancaire. Investisseur immobilier c'est un métier à part entière et qui ne s'apprend pas à l'école et que je vous déconseille d'apprendre sur le tas, car vous ferez des tas d'erreur irrémédiables qui vous couteront bien plus cher que si vous aviez pris le temps de vous former en amont. Ce n'est pas difficile mais ce que vous ne savez pas en immobilier vous coutera de l'argent.

Vous connaissez à présent mon histoire et comment j'ai pu devenir rentier en 12 mois, avec un statut de simple autoentrepreneur, avec de faibles revenus puisque je travaillais sur mes biens et sans apport puisqu'à chaque fois que je faisais de la plus-value sur mes auto-constructions, je la réinjectais intégralement dans la maison suivante. J'espère de tout cœur que ce livre saura vous inspirer et qu'il vous donnera de l'espoir puisque comme vous avez pu vous en apercevoir, avec de la volonté, de la détermination vous pouvez, vous aussi, réaliser de grandes choses dans n'importe quel domaine. Vous ne devez-vous fixer aucune limite et être certain que même l'impossible peut devenir possible.

Pour gagner votre vie
apprenez à l'école.
Pour gagner une fortune
apprenez par
vous-même.
Tom MONOPOLY

CONCLUSION

En espérant que ce livre vous a plu et vous inspirera à travers mon expérience et les formations approfondies que j'ai pu suivre afin d'acquérir ces connaissances. Comme dit précédemment, l'investissement immobilier est un métier et je vous déconseille de vous lancer à l'aventure sans une formation au préalable surtout quand on sait que celle-ci sera très largement amortie aux vues des économies que vous ferez mais aussi de la possibilité de la déduire de votre impôt sur le revenu.

En France on a l'habitude de tout avoir gratuit comme les soins, la scolarité, le RSA même si on ne travaille pas, des aides, etc… et peu souhaitent payer pour apprendre alors que ça ne les dérange pas de mettre 1.000€ dans le dernier smartphone à la mode ou dans d'autres passifs. Apprendre est le meilleur investissement que vous pouvez faire en vous. Bien utilisé, l'investissement immobilier pourra rapidement vous apporter la liberté financière et vous mettre, vous et vos enfants à l'abri grâce aux revenus issus de votre patrimoine immobilier.

Si mes méthodes, stratégies et conseils en immobilier vous intéressent, sachez que je suis très présent sur les réseaux sociaux où sont disponibles une cinquantaine de vidéos consultables gratuitement sur YouTube, Facebook et Instagram.

Pour ceux qui désirent aller plus loin, je propose un accompagnement personnalisé où vous trouverez facilement le lien sur mes réseaux sociaux. Il vous suffira pour cela de taper « **TOM MONOPOLY** » sur Google ou dans la barre de recherche du réseau social.

Si vous avez des questions après lecture de ce livre je vous invite à me contacter à cette adresse mail : *tom@louer-meuble.fr*

GOUVERNEZ
VOTRE
ESPRIT
OU C'EST LUI
QUI VOUS
GOUVERNERA

TU SOUHAITES ALLER PLUS LOIN ?

Avant toutes choses, je tiens à préciser ici que je parle de mon expérience personnelle. Ce ne sont pas des conseils ni des recommandations. Ce que j'ai réalisé demande du travail, de la persévérance et il m'a fallu m'auto conditionner à réussir. Tout le monde n'a pas ce « Mindset ».

Si tu souhaites bénéficier de ma méthodologie et me rencontrer en privé lors d'une MASTERCLASS en petit comité (50 personnes maxi) je t'invite dans ce cas à m'envoyer un mail à *tom@louer-meuble.fr*

Tu le sais désormais, toi seul est maître de ton destin.

J'espère à bientôt !

Amicalement.

Tom

NOTES

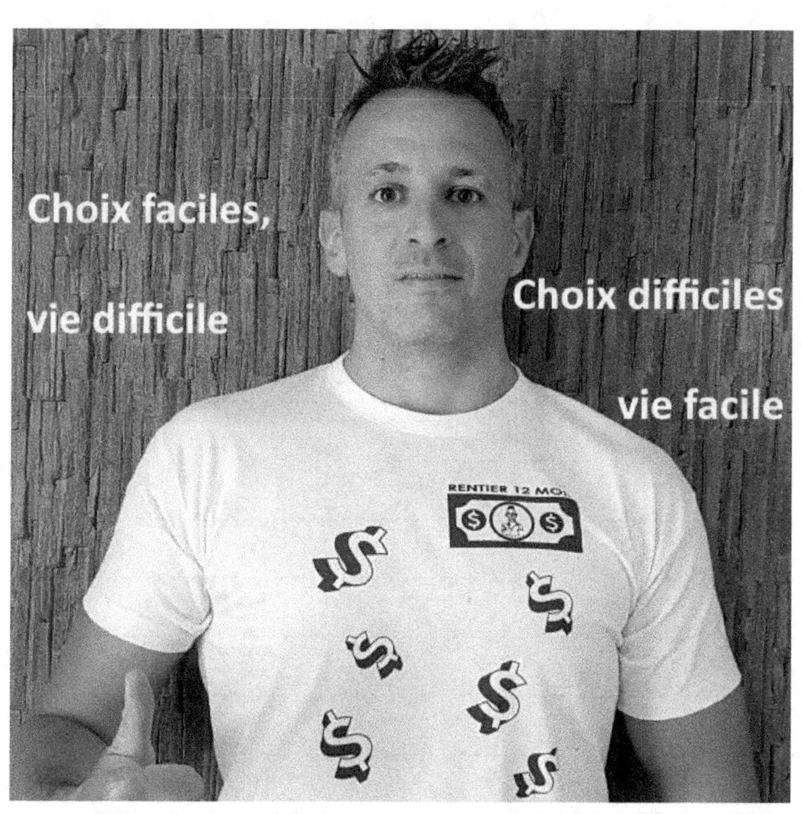

Choix faciles,
vie difficile
Choix difficiles
vie facile
RENTIER 12 MO

NOTES

Quand tu
seras grand
N'oublie pas
qu'un jour
tu étais petit
RENTIER 12 MOIS

NOTES

Agissez comme
s'il était
impossible
d'échouer

RENTIER 12 MOIS

MONOPOLY

NOTES

RENTIER
L'ACTION EST
CE QUI DONNE
DES RESULTATS
RENTIER 12 MOIS

NOTES

RENTIER
L'investissement
le + rentable au
monde
est d'investir
sur soi-même
RENTIER 12 MOIS
MONOPOLY
Tom Monopoly

NOTES

RENTIER
" SI TU ES NE PAUVRE,
CE N'EST PAS DE TA FAUTE
MAIS SI TU MEURS PAUVRE
C'EST DE TA FAUTE "
Bill Gates
RENTIER 12 MO

NOTES

VOUS ETES LA SEULE
ET UNIQUE PERSONNE
QUI PEUT FAIRE
BOUGER VOTRE VIE
Tom Monopoly
RENTIER 12 MOIS

NOTES

CE LIVRE T'A PLU ?

Dans ce cas n'hésite pas à me déposer un avis sur Amazon et ensuite de m'écrire sur mes réseaux sociaux ou par mail à : tom@louer-meuble.fr . Un cadeau d'une valeur de 97€ te sera offert !

AVERTISSEMENT

Ce livre est avant tout biographique et est le récit de mon expérience personnelle. Je n'ai pas la science infuse et les stratégies patrimoniales et fiscales qui sont valables pour moi ne le seront peut-être pas pour vous. Suivant votre situation et vos objectifs à court/moyen/long terme, votre stratégie peut être différente de la mienne. Pour preuve, c'est que désormais n'ayant pas besoin du cash-flow issus de mes prochains investissements immobiliers pour vivre, mes futures acquisitions le seront par le biais d'une SCI à l'I.S. (impôts sur les Sociétés).

Dépôt légal : septembre 2019

°

ISBN 978-2-9569764-0-0